윤 은경

검은 꽃밭

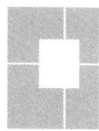

애지시선 021
검은 꽃밭

2008년 7월 3일 초판 1쇄 발행

지은이　윤은경
펴낸이　윤영진
기　획　유용주 박수연 한창훈 이정록
편　집　함순례
디자인　함광일 이경훈
홍　보　한천규
펴낸곳　도서출판 애지
등록　제 2005-5호
주소　300 -170 대전광역시 동구 삼성동 125-2 4층
전화　042 637 9942
팩스　042 635 9941
전자우편　ejiweb@hanmail.net

ⓒ윤은경 2008
ISBN 978-89-92219-15-0 03810

* 저자와의 협의에 의해 인지를 생략합니다
* 이 책 내용의 전부 또는 일부를 재사용하려면 저자와 애지 양측의
  동의를 받아야 합니다
* 이 책은 2006년 한국문화예술위원회 창작지원금을 받았습니다

오늘의시선 021

검은 꽃밭

윤은경 시집

□ 시인의 말

   수풀 사이를 걸었다. 조심조심 걷는데도 자그마한 벌레들은 후득 후드득 튀어 오른다. 은빛 갓털을 단 민들레 씨앗이 바람에 실려 하늘하늘 나를 스쳐간다.
   다른 몸을 입은 이 많은 목숨들이, 이들의 허공이 내 허공에 와 오래 머물렀다 간다.

   목숨이라는 질긴 그물에 벌레도 꽃도 나도 단단히 묶여 있다.

2008년 여름
윤은경

차례

시인의 말　005

제1부

날개　011
검은 꽃밭　012
바람거울　013
침묵　014
결단　015
사구　016
메타세쿼이아　017
달과 왕버들　018
거품이야기　020
이 봄엔　021
눈썹　022
가막사리　023
꽃과 나　024
손　025
용담　026

제2부

회산 029
사랑의 초상 030
귀룽나무 032
저물녘 편지 034
바위솔 035
얼후 켜는 남자 1 036
얼후 켜는 남자 2 038
배롱나무 꽃그늘 039
마곡麻谷 040
시월에 042
딱정벌레 043
가시연 044
청미래 046
황사 047

제3부

부음 051
문상 052
공무도하 053
유등별사 054
발자국 055
검은 햇빛 056

나도수정초水晶草 058
저수지 060
꽃 지네요 061
바람꽃 062
적막 063
수풀떠들썩팔랑나비 064
유구乳狗 066

제4부
생가 069
용서 070
빈 집의 마음 071
달맞이꽃 072
저 온몸이 식욕인 어둠 074
가는 비 075
채석강 물소리 076
길 077
도개리 왕버들 078
종일 해동비 079
산수유나무와 나 080

해설 | 이경수 081

제1부

날개

젖은 하늘을 휙 가르며 어치가 날아간다

죽음 전엔 내려놓을 수 없는 지상의 무게는 나비날개에도 얹혀 있다
가장 낮은 곳에 무릎 꿇고 앉은 풀꽃 송이가 허공에 흘려 놓는 깨알 같은 향기

날개들은 수천 리 먼 길을 간다
한 줄기 엷은 향기만으로 도르래처럼 지상을 들어올린다

검은 꽃밭

　비 오시는 꽃밭이 어두워진다 꽃잎에 맺힌 물방울 속, 산과 하늘과 나무와 꽃들이 절벽처럼 에둘러 있다 세계의 문이 닫히듯 물방울 하나 폭 꺼진다 엷은 빛에 기대어 수천 겹 층을 이룬 만상의 색상, 마침내 얇고 어두운 막을 벗어나 꽃밭으로 녹아든다 여러 번 생을 살아도 거듭, 주저 없이 흘러가는 육체들의 검은 강
　살붙이여 무변 허공을 질러와 또 점점 부푸는 물방울이여, 더는 매달릴 수 없을 때 누구도 닦아줄 수 없는 물방울 속으로 소리 없이 낯익은 미움이 지나간다

　꽃의 발등이 적막하게 물에 잠긴다

바람거울

버즘나무가 서 있다 버즘나무가 누런 잎을 발밑에 내려놓는다 가실볕이 성글어 나의 시간도 서쪽으로 휜다

무장무장 산국 핀 언덕을 지나 아버지 산소 가는 길

그것도 무게라고 서둘러 몸 내려놓는 나무 아래서
흉터에서 흉터로 옮겨가는 슬픔을,
볕에서 나무로 꽃잎에서 영원으로 가는 시간을 들여다본다

들판의 여린 볕 거두고 나무에서 꽃에서 내 눈에서 한 바지게씩 어둠을 져 나르는 바람거울

침묵

　침묵이 검다는 건 거짓말이다.

　그대 까만 눈동자와 2밀리미터 깊이에서 어긋나는 풍경. 가슴을 마주 댄 두 사람, 어깨 너머 머언 바다, 또 한 사람 어깨 너머 머언 산. 다 안다. 백주 대낮이 검다는 것을. 오늘도 天山南路, 눈부신 거리를 걸어 발등이 부었다. 고요하다. 내일이면 하얗게 드러날 오늘의 손익계산, 식은 국밥처럼 엉긴 세상의 길 헤아리느라 하루가 다 갔다. 끝나지 않았다. 계면쩍은 웃음 위로 몇 방울 여우비. 다 안다. 늦은 밤 함께 현관을 들어설 때, 그대와 나 무심코 바라본 듯해도 어긋난 두 길이 깊이를 알 수 없는 무저갱 나락에서 고독과 슬픔 한 가지로 끓었다는 것을.

결단

 나뭇가지가 부러졌다 수백 겹 세월의 단면, 선명하다 섬광이 갈라놓은 하얀 살결을 고요가 핥고 있다 누가 여기 너덜너덜한 슬픔을 효수해 놓았다 아니다 슬픔으로 바라보는 내 눈을 믿지 말자 저 느티는 우레의 힘을 빌어 제목을 친 것, 감당할 수 없는 생의 욕망을 스스로 거세한 것, 비 그친 하늘에서 울고 있는 우레가 상처를 타고 나무의 깊은 곳에 가 닿는다 뚫린 구멍마다 뜨거운 김을 내뿜는다 길 끊긴 물관 체관, 흘러나오는 유액은 헛된 미련이 아니다
 나무의 밑동 근처, 상처를 감싸 안은 굵은 옹이들은 이 나무의 오랜 욕망의 흔적

 상처 어딘가에 새겨놓았을, 저 식물이 의지한 수천 년의 기억이 내게도 있다

사구

참 여러 생이 다녀가면서 하염없는 모래언덕 이루었다
갯메꽃, 갯그령, 좀보리사초, 통보리사초, 갯완두, 해당화 그런 몸들이, 삼보일배 절을 올리고 있다 모래의 옷과 모래의 밥과 모래의 꿈들이 납짝 엎드려 있다 그믐달처럼 야위었다 걸음마다 딱딱거리며 뼈마디가 운다 꿈틀꿈틀 눈부시게 분주하다 서늘하다 거친 욕망이, 땡볕과 갈증과 맨발 노역이, 다시 와야 할 끝없는 흰 땅이, 뜨거운 눈물 공양을 받고 있다

참 애터지게, 느리게,
이 식솔들 무릎 꿇는다

어둔 눈에도 내 가계가 잘 보인다
모래 아닌 삶도 모래 아닌 죽음도 없으나
세세연년 뼛골에 새겨진, 이 묵언의

메타세쿼이아

 화살촉 닮은 몸체를 가까스로 당기고 있는 지상이라는 활줄, 밭은오금에서 고잣잎까지 허공 한껏 팽팽하다 우듬지 상사 끝 살촉에서는 푸른 연기가 이글거린다 한사코 더 깊게 당기려는 지상과 마악 튕겨나가려는 나무의 길항, 백악기의 수종들이 다 그렇듯 이 나무도 수억 년의 기억을 지우지 못했다 하늘 높은 줄 모르고 쭈욱 쭉 뻗쳐오를 일은 무엇인가 모멸과 굴욕의 날들은 한갓 입 안에서 곱씹을 일, 햇빛과 물과 바람만으로 거대한 몸 이루었으나 때로 신음하는 짐승의 내면이 온순한 이 나무를 광포하게 바꾼다 뿌리에서 우듬지까지 이랑고랑 거칠기 짝이 없는 저 힘줄들, 얇은 수피 한 장 두른 채 울뚝불뚝 긴장으로 타오르고 있다

 아무도 모르게 살대에 묶어둔 간밤 내 불면이 백일하 드러날 것 같다 오랜 고통에서 통증이 사라지면 맑은 편경소리로 뇌관이 터지리라

 푸른 그림자 붉은 발자국, 저 나무의 긴 기다림도 마침내 긴장을 놓으리라

달과 왕버들

그믐이 가까워 달은 칼날이 되었다

달이 어떻게 몸 바꿔 푸른 물주머니를 만들었는지, 툭 치면 차르르 쏟아질 물주머니를 수천 개나 달았던 당산나무, 흙과 뒤섞여 뿌리는 이미 돌부리처럼 단단해졌다 잎사귀 다스려 고요로 인도하던 마른 수로, 귀 기울이며 당신, 하고 불러본다

이 가슴은 오래 전에 텅 비었다 무심이다 심장이 있던 자리, 대침 같은 가시 하나 날카롭게 돋아 있다 무엇이 나든 흔적, 빗장 지른 문비 앞에서 눈 감는다
어두워지는 수피 쓰다듬으며 당신, 하고 불러본다

언젠가 이 나무도 번뜩이는 칼을 쥐고 늙은 사제를 겨누었다
밑둥치 아래 무릎 꿇는다
조각구름 사이로 쏴아아 달빛 한 줄기

목 부위로 쏟아진다

여기 금줄을 거는 것이 좋겠다

거품 이야기

 서해바다에 갔지요. 부드러운 잇날로 물결은 모래톱을 갉고, 갯바위엔 고둥들이, 자갈밭엔 물새들의 뚱뚱한 생애가 조용히 거품의 시간을 살고 있었어요. 물고 뜯기면서도 떠나지 못하는 육체의 나날이, 밀어도 꿈쩍 않는 지상의 절벽이 변두리로, 변두리로 밀리고 있었지요. 밀리는 것들이 서로 스며 각기 다른 육체를 얻는 시간을 아연, 보고 있는 나도 당신도 터지기 직전의 연약한 거품, 여기도 녹슨 시계가 있어 낙타의 엉성하고 느린 발걸음, 시들어 가는 사자의 갈기, 뱀처럼 엉킨 관능의 흉터를 문패처럼 걸고 낡아가는 절벽,

 집 없는 고양이 울음 같은 저녁이 오고 무한천공으로 칼금을 긋는 날개들

 다시는 돌아오지 못한다 해도, 절벽 끝에 걸린 둥글고 뜨거운 마지막 거품은 눈이 부시게 아름다웠지요.

이 봄엔

 기막힌 이별 하나 했으면 좋겠다
 약속이란 말을 대신하여 한 생각만으로, 여우비 내리는 봄하늘처럼 마음 뒷전 둥그런 고요가 사뭇 열 오른 눈자위 지그시 누르는, 돌아온다는 말조차 없이 돌아서서 휘는 처음과 끝

 석양 들녘을 걷다가 문득 아득해져 서 있으면 적막천지 우주 저편에서 무한히 내려와 가만히 눈 맞추는 풀꽃 한 송이, 깨알같이 숨어 있는 그 향기가 아아, 어느 생의 몸이었던가 몹시도 아프고 떨려 아주 오래 낯익힌 이별의 눈빛, 필생의 굳은 약속이었던 걸 깨닫게 되는, 그런

눈썹

 억새밭머리에 들어서니 버썩 마른 풀들이 누웠다 일어선다

 꽃자리마다 쓴물 고이는 가을 풀밭, 햇살 하나하나가 허연 꽃이삭 하나하나에 말 건네는 걸 보고 있다 버썩 마른 몸 흔들어 풀씨마다 여물게 들여앉힌 빛 알갱이 바람에 나눠주는 걸 보고 있다

 나뭇잎이 나무의 어미*이듯 내 외로움의 가실볕도 새봄의 어미이오니,

 가뭇하니 긴 겨울, 억새가 넘어지고 억새밭이 송두리째 허물어진대도 내 눈썹은 이제 조금만 젖을 뿐이오니

 *틱 · 낫한

가막사리

 노리실 가는 재 너머 풀숲, 분칠이 지워진 구절초들이 오종종하니 떼로 몰렸다 물 마른 도랑가엔 노인장대가 깡마른 다리로 말라가고 쥐꼬리만 한 햇볕이 산비알 들깻단에 앉았다 간다

 오래 묵은 것들은 구신이 든다고 아랫집 할매가 머릿수건으로 탁탁 풀씨를 터는 해거름녘, 흙더버기 맨발로 궁싯거리는 소리를 따라가던 여자, 월남 가서 안 오는 남자의 유복자도 잃고 날마다 밭두덕에서 낡아가던 그 여자가 언제부턴가 보이지 않는다

꽃과 나

산길을 걷다가 한 꽃송이를 바라보자 줄기가 휘도록 매달린 꽃숭어리도 빤히 나를 쳐다본다

오래 다른 길을 걸어온 허공과 허공이 순식간에 접힌다

멀리서, 아주 멀리서부터 내려온 햇볕이 젖은 목숨을 시득시득 말리는 동안

푸른 귀를 쫑긋 세운 그대, 세상의 쓰거운 소리 모두 걸러 뿌리 안에 깊이, 깊이 묻고

내게서 소스라쳐 돌아나간 소리들도 그곳에 가 다 안기고

손

 늦가을 풀숲을 지난다 낱낱이 오롯한 소리의 그늘, 버즘나무 몇 남은 잎사귀는 흙빛에 가깝다 늙은네의 손처럼 오그라들었다

 펼쳐도 오그려도 빈집인데, 소리가 소리를 받아 안듯 허공을 훑는 긴 바람소리
 당신과 나는 어느 미욱한 종족이었던가
 돌아가는 길 밖의 길 또 끊긴다

 햇빛과 바람을 탁발하던 손이 동굴처럼 고요하다

용담

당신 만나러 가는 길에 꽃 한 마리, 찬이슬 아래 환하다

식어가는 대지 위에서 곧 시들 목숨이 온몸으로, 온 힘을 다해 햇빛을 빨아들인다

오래 찰랑거린다

젖은 바위 틈에 숨어 우는 능구렁이처럼 얼마나 깊이 숨기고 있는지 들여다보고 또 보아도 청남빛 수심을 다 읽지 못한다

제2부

회산

 아직은 때가 아니다 꽃대조차 없이 무성한 연잎, 시퍼렇게 질린 이 얼굴의 뿌리가 하염없이 벋어간다
 못 가운데 수심 저리 깊어 다 읽지 못한 근심이 있다
 염천 불볕에 화청인 듯 쨍쨍한 매미울음 쇳소리 물소리 빗발치듯 마구 쏟는다 천중 넘어가는 수천의 삶, 치켜든 수천의 바라, 바라춤 같다
 내 죄의 넓이가 십만 평이로구나 질긴 오욕의 뿌리, 덧없다 버린 것들이, 진흙수렁 수심의 바다 깊이 더듬는다

 천수千手바라, 명鳴바라, 사다라니四茶羅尼바라… 웅얼거리며 크게 한 번 더 일그러지는 연지

 칠월 한낮, 고요 끓는다

사랑의 초상

땅에 발붙이고 사는 인간의 사랑엔
늘 흙이 묻어 있다지.

흙에서 와서 흙으로 가는
단단히 뭉쳐진 흙덩어리들
머뭇거리며 서로 손을 찾아 더듬는
어여쁜 몸짓에도 흙냄새가 난다

흙 묻은 사랑으로 사람들은
서로의 흙에 흙을 섞으며
사랑한다 사랑한다 하고
만남은 만날수록 모자란다고
그리움은 그리울수록 그립다고

가슴 깊이
흙 묻은 사랑을 걸어 서로를 쓰다듬지만
아무리 애써도 닿지 않는 뿌리

도리 없는 슬픔

지상은 왜 이리 깊은 것이냐
그대
더듬을 때마다 더욱 깊어지는
흙의 향기

귀룽나무

양묘장 구석 귀룽나무는 올해도 넘치게 꽃을 달았다
쟁강쟁강 매달린 흰 꽃들은 지칠 줄 모르고 한 그루 나무를 세상의 중심으로 옮겨 놓는다

그대가 내게 와 넘치게 달아주었던 때처럼
꽃이 핀다는 건 삶의 끄트머리에 간절함을 매다는 것
그대가, 그러나 내게서 떨어져 시드는 것처럼
꽃잎들 무수히 흩날린다

저 몸의 낭떠러지 앞에서
한 생애가 붙잡은 버거운 슬픔의 부피 앞에서
나무는 말이 없고 나 또한 말이 없다

귀룽나무 꽃더미는 누렇고 칙칙하고 한 송이 꽃 같은 간절한 나의 인연은 뒤섞이고, 두려움도 없이 서두는 법도 없이 가벼운 육체는 다른 세상의 둥근 무거운 문을 열어놓고

내민 손을 내게서 거두듯
아주 천천히
세상의 중심에서 소리를 거두어 가고 있다

저물녘 편지

 방금 바스락거리며 억새 스쳐간 바람 속에는 산국 노란 얼굴을 빠져나온 암향부동이 있다 서늘하다 푸새들은 산길 들길에서 다 저물었는데 풀물 마른 낙백한 그리움이 흰 머리털 붓 삼아 아무도 읽지 못할 글자를 적고 있다
 느리고 느리게, 그러나 골똘하게 허공이 꽉 찬다

 온기 한 점 없는 맨살의 들판, 바람 속 생애는 하루 백리 단풍길을 성큼성큼 내려가는데, 외따로 남은 늙은 짐승의 깡마른 어깨가 몹시 이물스럽다
 산국향 듬뿍 찍은 억새 붓질이 자꾸 미끄러진다
 괴로움은 언제나 당신 몫이었다고, 이제 때가 되었다고, 쓰다만 편지를 접어 넣고 돌아오는 들길이 벌써 젖어 어둡다

바위솔

 약에 쓸 풀을 찾아 종일 곳곳을 헤맬 때, 슬픔은 구름 뒤켠에서 손 뻗고 있었나보다

 약초는커녕 돌무더기마저 메말라 푸석한 백화산, 그 너머 상주 모동까지 가서야 한 줌도 안 되는 흙먼지에 뿌리내린 그 풀을 찾았다 염천 불볕과 바위가 몇 만 년 전부터 느릿느릿 유전해온 이 식물의 선택이라면, 두터운 다육성 줄기에 다닥다닥 붙은 꽃은 가감 없이 드러낸 이 목숨의 참 무거운 몸말, 넘치게 비가 와도 습기를 가둘 땅조차 없이 바위를 짜내어 마시는 눈물이 이 풀의 독기란 걸 옴소롬히 보여준다

 먼데서 까마귀 울고, 끄집어낸 비애가 저와 같아서 솔개그늘조차 없던 지상이 문득 어두워진다 마음자리보다 몸 앉은 자리에서 시작되는 가혹한 운명, 변명하지 않겠다 병과 다퉈 살아남아야 하리라

 이글이글 달궈진 바위에 붙어 연명해온 바위솔, 무릎 꿇고 꽃피기 전의 날선 독기를 경건히 떠내었다

얼후 켜는 남자 1

 쇠갈퀴 같다, 삼백예순 뼈마디에 그렁그렁 매달리는 얼후라는 악기, 늙은 구렁이는 죽어서도 운다
 자라지 못한 짧은 다리와 음통을 받친 또 한 다리 사이, 떠돌던 길도 쭈그러진 그릇도 습관처럼 칭칭 똬리 틀고 운다 앙상한 손이 지전紙錢 몇 장 챙겨 넣고 때 전 구렁이 빈집 열어 보인다 모서리 닳은 젖은 가죽, 몸 훌훌 털어내고 허공에 흩뜨린 길 다 채워 넣어야 하루 해가 진다 왁자한 시장 한 켠 급류를 탄다 컴컴하다 가쁜 숨 몰아쉰다,

 닮았다, 이 오래고 단순한 거래, 그도 나도 눈 감는다
 늑골 아래 현을 더 단단히 조여 둘까, 급선회하는 고음과 저음의 거친 높낮이를 견뎌야겠다,
 한바탕 다시 폭우 쏟겠다

* 중국 양슈오, 서가(西街)재래시장에서 얼후를 켜며 구걸하는

늙은 남자를 보았다.

* 얼후(이호) : 중국의 전통 악기. 우리나라의 해금과 비슷하게 생긴 악기로 현은 내현과 외현 2줄이다. 강남 지방의 곡극에 많이 사용하므로 '남호'라고도 부른다. 음통의 앞쪽은 비단뱀의 가죽을 펴 씌운다. 뱀가죽은 늙은 구렁이의 가죽을 최상품으로 친다. 2개의 현을 말총으로 만든 활로 켜거나 뜯으며 소리를 낸다.

얼후 켜는 남자 2

 칼 긋듯 사내가 활을 긋는다 세간 길이며 빗줄기며, 등걸잠 꿈마다 만발하던 허기며 뚝뚝 베어 넘긴다 그마저도 가랑잎처럼 날린다 허공에 거는 두 줄 현, 지금 나는 내현의 저음과 비브라토의 격렬한 떨림이 필요할 때, 밀듯 당기듯 어르듯 달래듯, 사내가 줄 타며 건너온다 출렁출렁 끌고 온 모진 물음 끝, 사내의 앉음새는 똬리처럼 둥근데 목발 아래 긴 짐승의 늙은 꼬리가 밖으로 슬몃 삐져나와 있다

 귀 곤두세울수록 컴컴하게 빛난다
 현 짚듯 은밀히 맥 짚어보는 소리거울의 선명한 이 안팎,

배롱나무 꽃그늘

 불현듯 활짝 열릴 것이네

 석 달 열흘 기다려 아주 잠깐 열렸던, 다시는 열고 들어갈 길 없는 문, 그늘은 아무런 말이 없지만, 어쩌나 염천의 푸른 하늘 열꽃 툭툭 터지듯 내 피돌기는 더욱 빨라지는데, 여기 섰던 당신 이글이글 타오르던 물길 불길 지나쳐버렸네

 이 나무 아래서 오래 벌서듯
 다시 수많은 석 달 열흘을 기다린다면
 수없는 허공이 생겨나고 수없이 문들이 피어나고 거기 눈맞춘 내 어느 하루 선연히 꽃빛 물들어 불현듯 당신 붉디붉은 향기의 오라에 묶인다면

 새끼손톱만한,
 일생일대의 내 두근거림은, 다시

마곡麻谷

　가장 정결한 땅을 골라 석공은 금줄을 치고 기단을 쌓았다
　지대석의 옆면은 돋을새김이 아니라 깊은 음각, 부처의 눈 대신 연잎과 연밥을 새겼다

　바람결에 쏠리는 것은 삼꽃이다
　돌을 매만져 필생의 꽃 한 송이 피우는 동안 기약 없는 그리움을 삼밭에 묻고 하염없이 서 있던 사람, 석공의 아내는 삼대를 베어 몇천 필 베를 짜올렸으리라 자꾸만 마르는 거친 손마디를 삼씨 같은 나날에 문지르다 바람 부는 날이면 옷고름 더 단단히 여몄으리라 수천 타래 무릎이 닳도록 말아둔 마음을 베틀에 올리고 풍탁처럼 오래 흔들렸으리라

　삼대처럼 마른 아내를 거둔 날
　희고 고운 아마포 입히고 나서야, 천지를 잇는 마지막 꽃잎은 완성되었으리니

태화산 능선을 타고 온 바람이 귀 떨어진 꽃잎을 오래 휘돈다

코끝 스치는 알싸한 아마향이 탑 그림자마저 먹어 치우는 마곡사

시월에

 지도에서 무너진 절터만 짚어가는 내 속에 다스리지 못한 짐승이 있나 보다 얕은 바람에도 반짝 곤두서는 터럭과 쉴 새 없이 두근거리는 약한 심장엔 험하고 오랜 시간의 쓴물이 배여 있나 보다

 나는 아직도 사람이 그립고, 견디지 못해 길나선 바깥엔 가을가뭄이 깊고도 깊다

 물끄러미 바라보는 산비탈 풀숲, 한 모금 이슬로 입술 적시고 서둘러 제 목을 치는 풀꽃들이 보인다

 보내고 떠난 자리, 단 하나의 씨앗을 위해 시든 꽃대궁, 실낱같이 흘렀을 고지랑물소리 천둥처럼 가슴 복판을 금 긋고 지나는데,

 꽃 피는 일순瞬과 꽃 지는 일순瞬 사이 방심하여 놓쳐버린 그대의 손

 내 목마름은 또 그대가 밀어놓은 긴 통증, 무너진 절터를 찾아 서성거리다 돌산 무더기, 무더기 돌멩이에 걸려 넘어지는데

딱정벌레

할아버지 한 분 쭈그려 앉아 있다 움직임이 없다
자세히 보면 쉼 없이 더듬이를 흔들며 흩어진 종이들을 끌어 모으는 중

용도 폐기된 한 줌 그늘 안에서
박스며 전단지며 스티로폼 틈에서 느릿느릿,

손끝에만 골몰하는 야윈 노구가
땅바닥에 붙어 낮게, 낮게 잦아드는 딱정벌레 같다

간혹 펄럭이는 갑충의 뒷등엔
속량의, 캄캄한 어떤 무늬가 끓고 있을 터이지만

지상의 가장 추운 끝단까지 밀려와 이삭 줍듯
그루터기 같은 손을 놀려 다 살아 버린 생애를 곰곰이, 꼼꼼히 펴고 접는다

가시연

알 낳고 돌아가는 어미거북 맨발같이
갓털 씨앗 다 날려 보낸 민들레 꽃대같이

새끼 난 개집 옆을 지날 때
폭발하듯 갈라터지는 어미개의 목청같이
척추 어디쯤에서 화급히 되돌아간 반사신경같이

어린 것 하나 내보내려고
삼보일배 무릎걸음으로 돌아왔다 하였으니

꽃의 이름으로 잠시 피어났으나

빛도 들어오지 않는
가슴만 문지르는 아픈 독이 있어
손도 발도 눈도 귀도 다 녹여버리는 서러운 독이 있어

아아 내 속에 이게 언제 있었나

나는 밤새
앓는 짐승의 가시돋친 잔등을 가만가만 쓸어주었다

청미래

 허공 한 장이 미늘에 낚여
 파르르 떨고 있네

 마른 껍질 가르고 올라온 청미래 덩굴
 한없이 느리고 지루한 박자가 가파른 허공 계단 오르고 있네 밤새 앓던 뜬눈의 골짜기, 잠깐 바람이 호흡을 멈춘 사이, 몇 방울 푸른 수액의 힘이, 늦은 봄날을 컹컹컹 울리네

 제풀에 제 몸을 휘감고 마는, 불안의 바닥까지 훤히 보이는
 길의 먼 끝 청미래 모른다 모른다
 도리질하면서 어느 틈에 컴컴한 허공 하나 휘익 감아 오르는

 사랑이여,
 누가 여기 슬프고 야멸친 목숨 하나 꽂아 두었을까

황사

그리움에도 그런 顚倒가 있는 줄 알지 못했다

내몽골 고비에서 태어난
이천만 톤 목마름의 무게
눈을 감고 코를 막아도 몸속 깊이 스며드는
뜨끔뜨끔한 통증만으론 다 알 수 없었다

춘분절 소인 찍힌 편지를 받던 날
어둑어둑,
당신 없이,
흙비 맞고 돌아와

오래 답장을 썼다
— 제 몸에도 그런, 고비가 있습니다

제3부

부음

말라죽은 모과나무를 친친 감고 능소화가 피고 있다

말라죽은 모과나무 아래 뚝뚝 능소화가 지고 있다

한 죽음의 발 아래 또 한 죽음이 세월 밖으로 주저앉는다

장맛비 멈춘 잠깐 사이, 매미 울음이 면복친당의 곡소리 같다

사람이 기루어하면 꿈에 뵌다는데,

썩은 나무를 안고 무너지는 꽃더미 꿈

문상

 사람들이 흰 국화를 꽂는다 피워놓은 향의 연기가 염불 소리 더불어 산 자와 망자의 기억 사이를 떠돈다 낯설다 그가 떠났다 가슴의 칼금, 오랫동안 만져본다 화들짝 국화꽃이 피어난다 무엇인가 뭉클 빠져나와 허공을 떠돈다
 친구여! 미어지게 정처 없다

공무도하

물가에 와서 술을 마시네
물은 넓고 깊어, 살얼음 아래
시린 물소리 우렁우렁 흐르네

발목이 언 버드나무는 어떻게 이 물을 건너나
허리까지 잠겨 팔 뻗는 나무를 보네
물 가운데 여울 울어 나무 우는 줄 이제 알겠네

독한 그리움 날마다 번지니 겨자씨만큼씩 물 건너가겠
네
공公이여 이 물 건너지 마오*
버들눈 푸른 눈썹, 차마 무정한 물 다 건너겠네

  * 공무도하가

유등별사

   모를 일이지요 어느 세월에 꽃 볼 수 있을지, 홍진에 둔 마음 얽히고 설켜 푸른 잎들만 못 가득 하늘 받들고 기다립니다. 먼 곳에 와서 더 먼 사람의 안부를 묻는 방죽 언저리, 바람 넘어가며 매미울음 한소끔 쏟아놓습니다

   못가에 정자 세워 오래 바라보았을 세가의 어느 주인도 그런 몸 던졌겠지요 진흙 수렁에 발목 묻고 가닥가닥 몸 일으킵니다 잘게 찢어 던진 마음이 물결 잡아 일으켜 연잎 하나 또 돋습니다 자꾸 돋고, 돋고 솟아오릅니다

   못 둑 언저리 부글부글 끓어오릅니다 죽음 근처를 어슬렁거린 건 푸른 잎들만은 아닐 겝니다 남몰래 숨겨둔 슬픔 한 자락 슬며시 잡아 구겨 넣습니다 어느 날이든 바람 아래 향기 물고 오래, 오래 걸어가겠지요.

   꽃 진 복사나무 짧은 그림자 어룽대는 청도 어름
   화양 푸른 못, 유등遺燈 무성히 흔들리겠습니다

발자국

 나아가지도 돌아서지도 못한 발자국 하나 보듬어 안는 일,
 우묵한 시간에 뭉클뭉클 어둠이 들어앉는 때, 항용 마음 밖으로 나가는 발 그러나 여적도 나가지 못한 발

 유정하여라 슬프고 그리운 질척거림이 다 여기서 흘러나온다
 해 들어 마른 날인데 잠결의 창밖 멀리서부터 쿵. 쿵. 쿵. 쿵. 발자국 소리, 기어코 비를 부른다 성성한 빗소리 뚫고 기어이 찾아와 무른 마음에 방점을 찍는다 옴소롬히 빗물 받는 것도 이력이 나서 비낱이 들이친 짓무른 눈가를 짐짓 나는 외면하지만

 몸 어디 두고 눈만 오는지, 눈 어디 두고 눈물만 오는지
 창문에 마음에 하늘에 곰보자국처럼 무수히 찍히는 늙은 별의 발자국

검은 햇빛

봄날의 햇빛이 검다는 걸 알아챈 건
비 그친 아침 창가에
뻘쭘하니 서 있는 이국종 가문비나무를 보았을 때!

새치름하니
가늘고 짧은 잎새 끝 어둠이 촘촘했다

그믐처럼
깊은 적막이 뭉클뭉클 허공에 집을 짓는다

어깨를 늘어뜨린 한 여자가 큰 가방을 끌고 그늘을 지나간다
마음은 겨자씨 같은 인연으로 흘러간다

젖은 날개를 펼치는 봄
오래 물기 털어도 마르지 않는 봄

불안이 나의 집이니
당신을 떠나온 그날처럼
눈물 같은 물방울들 떨어져 발등이 젖는다

나도수정초 水晶草*

부생腐生이라는 숙명 탓에
엽록체마저 버렸네
투명한 흰 몸은
속이 다 들여다보일 것 같고
커다란 꽃망울은
질척이는 발밑, 썩어가는 주검들을 낱낱이 굽어보네
어떤 죽음에도 삭지 못한 눈물이 이 식물의 긍휼한 양식
봄비 한차례 쓸고 간 다음 날
퀭한 눈가에 슬쩍 얼비치는 어두운 초록, 이것
몸 없는 삶과
죽은 연애들의 큼큼하고 축축한 낮은 목소리
슬픔 속엔 이별의 거소가 없네
손도 발도 없이, 그대 없이 돌아와
막무가내 돋는 나도수정초

* 나도수정초(水晶草) : 쌍떡잎식물, 진달래목 노루발과의 여러해살이 부생식물(腐生植物). 엽록체가 없는 꽃자루가 흰색으로 자란다. 5~8월 경 그 끝에 은빛이 도는 흰 꽃이 한 송이씩 밑을 향하여 달린다. 잎은 퇴화하여 투명한 비늘 모양이다.

저수지

덮는다고 일생 흘러온 저 검은 깊이를 숨길 수 있으랴

제 몸의 물기 다 말려 가랑잎보다 가벼워진 한해살이풀들, 정강이뼈 거친 골수 다 비우고 가볍게 냉천을 날아오르는 새 떼, 희망의 수위와 절망의 깊이가 등량이란 걸 희디흰 빛살이 가르친다

물가에 누가 나와서 살얼음 깨뜨리며 그물을 걷고 있다

꽃 지네요

백운산 중턱, 주초 몇 개 와편 몇 점으로 누운 절터,
부스스 모래먼지 떠올라 동백 숲에 스밉지요

악귀가 쏜 화살을 모조리 꽃으로 바꾸었다는 성인의 일화도 있습지요만,
지금 당신 몸에서 뚝뚝 떨어지는 붉은 살촉, 어느 슬픔의 폐사지인지요

바람꽃

 온 산 온 들에 부우연 꽃을 피우면서도 구름은 제 속의 물기를 쏟아내지 못한다

 노모는 하늘 보며 고향 다녀와야겠다고 혼잣말을 하신다
 오래고 깊은 골짜기엔 벌써 큰물이 지는지, 낙숫물 떨어지듯 마루 끝속말 뚝뚝 듣는다

 고샅길 건너 먼 산에 종일 흰 두루마기 겹치나
 꽃잎처럼 고개를 외로 놓고 한사코 선영엘 다녀오시겠다고 고집을 피우신다

* 바람꽃 : 큰 바람이 일어나려고 할 적에 먼 산에 구름같이 끼는 뽀얀 기운.

적막

툭툭 불거진 관절 마디마다 절벽이다

신경통처럼 시큰거리는 암흑 쥐어짜면 주르르 핏물 흘러내리겠다

문풍지처럼 너덜거리는 문서 한 잎 달랑 붙인 포도원

지주목에 붙들린 노구老軀의 어깨, 가파르다

수풀떠들썩팔랑나비

내참, 이런 일 첨이여
몇 달을 짓물러 눈 흐리더니
말갛게 비쳐오는 하늘님이길래
휘적휘적 손 한 번 까불렀을 뿐인데
우째 이렇게 몸 가볍디야?
댓돌 아래 저 눔, 누렁이는 또 왜 저런디야
이눔아 네 밥 주던 망구니라 이 눔,
네 따라다니던 손주 녀석 잘 있능가
어이 아범, 웬 눈물이당가 자네 어깨가 무겁구먼
내야 괜찮응게 자네 뭘 좀 들어야재
마당귀 풀도 좀 매야 할 낀데
장광에 괭이풀도 다북헐 게구
징헌 거, 뒷산 저기 저 자우룩한 나비 떼 좀 보아
남세시러라 싫대두
싫대두 자꾸 앞섶으루만 드는구먼

유인부안임씨지구孺人扶安林氏之柩, 장대 끝 명정이 나

비 날개처럼 팔랑거린다

유구乳狗

 여러 굽이 마음을 거느리고 섰다 누구를 배웅하는 긴긴 마음 같아서 산마루 노을 붉다

 채 들이켜지 못한 마지막 흡, 닫지 못한 입술, 별목련 산벚나무 개오동 들을 거느리고 간다

 이李 상가 입구 목련나무 아래 흰 발자국 여럿, 어지럽다 또 오래 서성이다 가나

 버드나무 지팡이*에 의지한 오십 줄 더벅머리 사촌四寸, 휘늘어진 눈길이 또 구부러진다 어둑신한 황소울음 굽이를 돌아간다

* 상례(喪禮)에서 부친이 별세하면 대나무 지팡이를, 모친이 별세하면 버드나무 지팡이를 짚는다.

제4부

생가

구시렁거리듯 밤바람이
대숲을 차게 지나간다

마당 앞 팥배나무에 달 걸려
흘기듯 봉창 비추었다

달 이울며, 박덩이 두엇 지붕에서 뒹굴면
흰 고무신 엎드린 툇마루 한켠 삐뚜름

팥배나무 잔가지 그림자 하나
먹구렁이마냥 창턱을 넘는다

오래 나가 있는 것들을
하나하나 불러들이는 먼 집

용서

오래, 용서라는 말을 배웠다

그러나 나는 한 번도,
제대로 써 보질 못했다
어떻게 쓰는 건지
그 많은 연습과 실습으로도
쉽게 익지 않았다

오늘도 나는
백지 한 장을 앞에 두고
열심히 쓰고 또 지운다
용서라는 말,
내뱉으면 바로 산산이 부서져

바람 속에 흩어지는 말을

빈 집의 마음

 몸 실어보고 싶었던가 꿀벌도 올벚나무 꽃에 오래 머문다

 내 안이 시끄러워 도무지 세상을 듣지 못하겠다 꿀 빨던 벌 나비 떠나고 나면 꽃술은 금방 붉어진다
 붉은 수줍음의 완강한 경계가 또 아프다

 나를 스쳐간 누구도 나의 살이 되어주지 못했다 나를 스쳐간 그 누구에게도 그의 살이 되어주지 못했다 불수의근같이, 뜨겁게 한몸이 되어 그대 아니면 안 되겠노라고 같이 가야할 먼 나라가 있노라고 뇌이고 뇌이어도 누구랄 것 없이 누구의 살도, 뼈도 되어줄 수 없는 나라

 햇빛 기울어 서향 창이 온통 붉은 것인가
 이 지도의 독법을 알 수만 있다면!

달맞이꽃

서녘 해는 날아가다 산머리에 걸리고
어디선가
악착스럽게 풀매미 웁니다

죽어서도 내내 붙잡을 희망이 있다면
자취 없이 흩어지는 일 외에 무엇이 있으리요만
쑥대며 망촛대며 억새들이
반 넘어 허물어진 내 몸에 박혀 무성한 자리
오늘도 어김없이 노랗게 꽃 핍니다

예, 저 먼 황천에서 그 무슨
꿈의 소슬비가 내리는갑지요
억센 풀뿌리 여린 발목을 쥐고
달덩이처럼 나도 떠오릅니다

썩은 살덩이를 비집고
지상으로 부푸는 푸른 욕망

몸 내음이여, 들녘 한 구석에서 저릿저릿
뽀얗게 달빛 퍼져 오릅니다

아직, 거기 남아 계신 분 있습니까

저 온몸이 식욕인 어둠

저녁에 뜰을 보며 앉아 있다
녀석이 또 석간을 던져 넣는다 툭. 떨어진다
때 이르게 라일락 몇 함께 떨어진다
내 일상의 생각들이 그만 토막토막 끊겨
떨어진다, 떨어져 이것들은 일몰 아래로 엎드린다
납짝 엎드린다
아, 저녁엔 두루 사소한 것들이 다 엎드린다
저 거므칙칙한 하마의 아가리
온몸이 식욕인 어둠 앞에서

혹은 눈뜨고 살아 있는 도시의 불빛

가는 비

 쑥대며 망초 여뀌 우거진 풀숲에 아기 풀벌레 칭얼대는 소리 동구 느티나무 잎들이 칼귀를 세워 엿듣는 소리 먼 곳을 헤맬 때마다 끊임없이 귓바퀴를 굴리는 소리 군데군데 살대 빠져 덜컹대는 소리

 비닐 씌운 용달차 가난한 이삿짐에 내리는 가는 비 웅크려 잠든 식솔들 신산한 꿈을 밤새 적시는 늙은 눈의 가는 비

 달팽이처럼 쪼그리고 앉아 풀 젖는 소리 듣는다 어린 잠에 뽀얀 새벽이 다 스밀 때까지 타들어가는 푸른 몸을 가만가만 쓸어주던 서늘한 손

 슬픔으로 가득 찬 구름 한장 다 빌 때까지
 소리의 맑은 푸른 집 한 채 지어놓고 가는 비

채석강 물소리

아직도 쓰고 있는
파도의 백서帛書
첫 줄부터 콱 말문 막히는

어떤 사랑의 밀서가 거듭 쌓이는지요
느릿느릿
갯고둥들 떼로 몰려 읽고 있습니다

푸른 깁 펼쳐
깊이, 더 깊이
한 글자 간신히 새겨 넣고 또 맥 놓습니다

온몸 무너지는 물소리
그러나 도움 닫듯, 무슨 멈출 수 없는 오기가
억겁의 수평선을 넘어 밀려오는지요

길

눈 쌓인 오솔길을 어기적거리는 멧비둘기 부부

고개 돌려 마주도 보며 또 주억거리며 뒤뚱뒤뚱 간다

나는 홀로 숲길을, 시퍼런 적막을 쪼는 멧비둘기 따라 간다

얄포롬한 눈밭에 두 줄 길이 생겼다

날개 있는 것들도 지상에 뜨거운 자취를 남긴다

아주 오래 육체가 짚어온, 한줌 갈증과 허기의 무게가 곰곰 새기던 길이다

도개리 왕버들

어떤 나무는 몸 밖에도 깊이깊이 나이테를 두른다

경상북도 구미시 도개면 도개리 논 가운데, 왕버들 한 그루 낡은 당집처럼 서 있다 까마귀 내려앉은 잔가지 까지 일목요연, 꼬이고 뒤틀린 노구이다 지붕도 없는 사방 벽엔 한서풍상이, 삶의 거친 세목들이 성난 벌떼처럼 운다

살아내는 일의 곡진함을 흉가의 처마 아래서 생각한다
이 긴 오열과 갈등의 깊이를 누가 재겠느냐

고목의 둘레를 온종일 거친 바람이 훑고 있다
세상이 내게만 적의를 품는 것은 아닐 것이다

늙은 신딸의 공수인양 난발, 난발 풀어제낀 일생이 또 덜컹거리며 틀며 널부러진다

종일 해동비

종일 해동비
서걱이는 덤불숲,

수묵화 같은 하루가 간다

덤불 앞에서 나는 한 벌의 남루를, 누렇게 뒤엉킨 고집 센 앙심을 보고 있다 꿈틀꿈틀 걸어온 어떤 일생, 어떤 결기가 스르르 무너지는 걸 보고 있다

마른 풀 위에서 반짝이는 슬픔의 입자들
곡진하다
구르며 끓으며 마음의 꽉 짜인 틈새를, 육체를
뜨겁게 적시는 비

그리움이란 참 멀다
언제나 앳되다

산수유나무와 나

 눈 속에, 산수유나무 가지에 멧새 한 마리 날아와 우네, 다닥다닥 매달린 빨간 열매를 들여다보네

 불도 들이지 않은 아궁이인데 괄괄하니 타오르는 불
 너덜너덜한 몸피 안쪽 그 무슨 내심이 뼛속부터 타지 않고야 선연한 핏방울 맺힐 리 없다고

 한 마리 작은 멧새가 울어
 남루한 내 몸에도 당신이 꽃필까, 골똘히 골똘히 한 그루 목숨을 들여다보는데

 눈 속에 나는 홀로 가슴이 먹먹해져서
 시린 하늘로 아득히 번져가는 붉은, 노란 울음을 보고 있는 것인데

□ 해설

풀꽃 한 송이의 무게

이경수(문학평론가)

1.

윤은경의 시는 언뜻 보면 전통 서정시를 충실하게 계승한 단아하고 절제된 시로 읽힌다. 손바닥에서 우주를 읽었던 자연친화적이고 생태적인 상상력을 윤은경의 시에서 발견하는 것은 그리 어려운 일이 아니다. 그녀의 시에서 몸은 자연의 비유이며, 자연 역시 종종 인생의 비유가 되곤 한다. 특정 지명과 꽃 이름, 나무 이름, 절 이름 등을 그녀의 시에서 흔히 만날 수 있는 점을 상기하면, 모름지기 시란 조수초목의 이름을 많이 알게 한다고 했던 공자의 말이 떠오르는 것 또한 사실이다. 이런 특징만을 스치듯 본다면 윤은경의 시는 지금껏 익숙하게 보아왔던 서정시들과 별다를 것 없는 시로 보이기도 한다. 하지만 윤은경의 시에서 그것만을 읽는다면 그녀의 시가 지닌 매력의 상당 부분을 놓치게 될 것이다.

첫 시집 『벙어리구름』에서 벙어리처럼 말이 되어 나오지 못하는 소리로 신음하고 아파하던 윤은경의 말은 두 번째 시집에 와서도 여전히 앓고 있다. 고요해 보이는 풍경 속을 가만히 들여다보면 밤새 앓는 소리가 들려온다. 신열에 들뜨고 식은땀을 흘리고 혼몽한 가운데 헛소리를 하는 들끓음을 검은 빛이 감싸 안으며 고요한 분위기를 이루어낸다. 눈여겨보고 귀 기울여 듣지 않으면 저 혼몽한 몸짓과 들끓는 소리들을 놓치고 스쳐 지나가게 될지도 모른다.

윤은경의 시에는 자연 풍경이 자주 모습을 드러내는데, 그곳은 죽음과 생명이 공존하는 장이자 그녀의 내면 공간이다. 그녀의 시는 일상적 공간을 드러내거나 일상적 자아로서의 시인의 모습을 드러내는 데 인색하다. 그녀의 시는 서사를 극도로 배제한다. 그러므로 윤은경의 시에서 그녀에 관한 사연이나 내력을 듣기는 쉽지 않다. 그녀가 그려 보여주는 자연 풍경을 통해 어렴풋이 그녀의 고독하고 적막하고 아픈 내면을 짐작할 수 있을 뿐이다.

그녀의 시는 자연을 빌려 고독하고 적막한 내면의 풍경을 에둘러 보여준다. 꽃밭을 그려도 화사한 빛깔 대신 검은 빛

깔의 어두운 꽃밭을 그리고, 꽃 핀 풍경보다는 꽃이 진 풍경에 먼저 눈길이 머물고, 봄날의 햇빛조차 검다는 걸 알아챈다. 그녀 안에 자리 잡은 고독과 적막과 들끓는 욕망이 어둠 가까운 곳에 그녀의 시가 둥지를 틀게 한다.

언어를 아끼는 윤은경의 시는 최대한 절제되어 있지만 그녀의 고독과 적막과 욕망은 언어의 감옥에 갇히지 않고 비어져 나온다. "무엇인가 뭉클 빠져나와 허공을 떠"(「문상」)돌듯 그녀의 시는 "깨알 같은 향기"(「날개」)를 허공에 흩뜨려놓는다. 그 향기는 우리도 모르는 사이에 서서히 스며들어와 우리 주변의 공기를 변화시킬 것이다.

2.

대개의 전통 서정시들이 그렇듯이 윤은경의 시도 사라져 가거나 소멸해가는 것들에게 각별한 관심을 기울인다. 윤은경은 화려한 절정의 순간보다는 잊혀지고 스러져가는 이면의 시간에 주목한다. 그것은 어둡고 축축한 음지의 시간이다. 시인이란 주목받지 못하고 소외되어 있는 존재들을 눈여겨보고 그로부터 시를 발견할 줄 아는 밝은 눈을 가지고 있어야 한다고 그녀는 굳게 믿고 있는 것처럼 보인다. 적막하고 고요한 시간에 홀로 있음을 즐길 줄 아는 윤은경 시인에게 소멸해가는 것들이 내뿜는 향기가 감지되지 않을 리 없다. 어둠에 익숙한 눈으로 그녀의 시는 검고 어둡고 축축한 그곳을 들여다본다.

　비 오시는 꽃밭이 어두워진다 꽃잎에 맺힌 물방울 속, 산과 하늘과 나무와 꽃들이 절벽처럼 에둘러 있다 세계의 문이 닫히듯 물방울 하나 폭 꺼진다 엷은 빛에 기대어 수천 겹 층을 이룬 만상의 색상, 마침내 얇고 어두운 막을 벗어나 꽃밭으로 녹아든다 여러 번 생을 살아도 거듭, 주저 없이 흘러가는 육체들의 검은 강
　살붙이여 무변 허공을 질러와 또 점점 부푸는 물방울이여, 더는 매달릴 수 없을 때 누구도 닦아줄 수 없는 물방울 속으로 소리 없이 낯익은 미움이 지나간다

　꽃의 발등이 적막하게 물에 잠긴다
　　　　　　　　　　　　　　　　　　　　　－「검은 꽃밭」 전문

윤은경의 시가 눈여겨보는 곳은 하필 "비 오시는 꽃밭"이다. 평소라면 알록달록 화사한 빛깔을 햇빛 속에 눈부시게 드러내며 곱게 빛나겠지만 비가 오는 꽃밭은 화사함을 잃고 이내 어두워진다. 더구나 그렇게 한바탕 비가 퍼붓고 나면 꽃은 지고 꽃밭은 망가진 채 처참한 흔적을 드러낼 것이다. 비 오는 어두운 꽃밭은 이렇게 죽음의 분위기를 풍긴다.

"꽃잎에 맺힌 물방울 속, 산과 하늘과 나무와 꽃들이 절벽처럼 에둘러 있다". 꽃을 둘러싼 세계가 꽃잎에 맺힌 물방울 하나에 다 들어있다. 지속적으로 쏟아지는 비는 수많은 물방울을 터뜨리며 다시 물방울을 맺히게 하곤 한다. 그러므로 물방울 하나가 폭 꺼지는 모습은 세계의 문이 닫히는 일에 비유된다. 한 존재의 죽음도 그렇게 오는 것임을 시인은 문득 깨닫는다. 비 오시는 꽃밭에서 부딪히며 터지는 수많은 물방울들과 함께 꽃밭 가득한 만상의 색상은 비 오는 꽃밭으로 녹아든다. "여러 번 생을 살아도" "육체들의 검은 강"은 "거듭, 주저 없이 흘러"간다. 해가 바뀌어 꽃 피는 계절이 오면 다시 새로운 생을 살며 피워 올리던 화사한 꽃들은 비 오는 꽃밭에서 "육체들의 검은 강"이 되어 한 생을 흘러간다.

참혹하고 적막한 생의 비애 앞에 선 화자는 저 빗방울을 이별을 앞둔 꽃들의 눈물이라 여기는지도 모른다. 생의 미련이야 누군들 없겠는가. 다만 매달려도 소용없음을 알고 "더는 매달릴 수 없을 때 누구도 닦아줄 수 없는 물방울 속으로 소리 없이 낯익은 미움이 지나간다". 그것을 생에 대한 미련이라 불러도 좋을 것이다. 꽃의 발등이 물에 잠기는 적막한 죽음 앞에서 생을 향한 욕망의 흔적이 꿈틀거린다. 윤은경의 시는 최대한 절제되어 있지만, 검은 꽃밭에서 비어져 나오는 것은 삶에 대한 미련과 욕망이다.

서해바다에 갔지요. 부드러운 잇날로 물결은 모래톱을 갉고, 갯바위엔 고둥들이, 자갈밭엔 물새들의 뚱뚱한 생애가 조용히 거품의 시간을 살고 있었어요. 물고 뜯기면서도 떠나지 못하는 육체의 나날이, 밀어도 꿈쩍 않는 지상의 절벽이 변두리로, 변두리로 밀리고 있었지요. 밀리는 것들이 서로 스며 각기 다른 육체를 얻는 시간을 아연, 보고 있는 나도 당신도 터지기 직전의 연약한 거품, 여기도 녹슨 시계가 있어 낙타의 엉성하고 느린 발걸음, 시들어 가는 사자의 갈기, 뱀처럼 엉킨 관능의 흉터를 문패처럼 걸고 낡아가는 절벽,

집 없는 고양이 울음 같은 저녁이 오고 무한천공으로 칼금을 긋는 날개들

다시는 돌아오지 못한다 해도, 절벽 끝에 걸린 둥글고 뜨거운 마지막 거품은 눈이 부시게 아름다웠지요.
― 「거품 이야기」 전문

소멸하는 것이 지닌 아름다움에 시인의 눈길이 머문다. 순간 존재했다 사라지는 것이므로 그 아름다움은 더욱 빛을 발한다. 시의 화자는 서해바다에 가서 거품의 시간을 살고 있는 존재들을 만난다. 조수간만의 차가 심한 서해바다에는

순간 존재했다 사라지는 것들이 많다. 부드러운 잇날로 모래톱을 갉고 있는 물결도 갯바위에 널려 있는 고둥들도 자갈밭을 노니는 물새들도 머잖아 사라질 풍경들이다. 그 풍경을 가만히 바라보며 화자는 변두리로 점차 밀려나는 존재들에게서 자신의 모습을 본다. "나도 당신도 터지기 직전의 연약한 거품"임을 깨달은 것이다. 그러나 변두리로 밀려나고 연약한 거품 같은 존재라고 해서 힘없이 떠밀리기만 하는 것은 아니다. "밀리는 것들이 서로 스며 각기 다른 육체를 얻"기도 하고, "물고 뜯기면서도 떠나지 못하"고 악착같이 매달린다. 자포자기란 없다. 꺼지기 직전의 순간까지 자기 앞의 생에 최선을 다하는 것. 악착같은 집착을 보이는 것. 어쩌면 "절벽 끝에 걸린 둥글고 뜨거운 마지막 거품"이 눈이 부시게 아름다운 이유는 바로 여기에 있는 것이 아닐까.

3.

윤은경의 두 번째 시집은 소멸하는 것들이 내뿜은 어둠과 슬픔과 고독감으로 충만하다. 한 권의 시집 전체가 죽음에 바쳐져 있다고 해도 과언이 아니다. 꽃은 검은 빛으로 뚝뚝 떨어지고, 심지어 "백주대낮"도 "검다"(「침묵」). 수다스러운 말 대신 침묵이 고여 있고, 묵언 수행을 하듯 고요하다. 하지만 그 내면은 "고독과 슬픔 한 가지로"(「침묵」) 들끓고 있다.

"수억 년의 기억을 지우지 못"(「메타세쿼이아」)한 것은 나무뿐이 아니다. 그녀의 시는 죽음과 소멸로도 영원한 망각에는 이르지 못한다. 욕망의 흔적이 곳곳에서 지난 생을 증거하고 있다. 끝끝내 기억하고 기록하는 것. 그것 역시 오랫동안 시의 몫이었음을 윤은경의 시는 환기한다.

> 말라죽은 모과나무를 친친 감고 능소화가 피고 있다
>
> 말라죽은 모과나무 아래 뚝뚝 능소화가 지고 있다
>
> 한 죽음의 발아래 또 한 죽음이 세월 밖으로 주저앉는다
>
> 장맛비 멈춘 잠깐 사이, 매미 울음이 면복친당의 곡소리 같다
>
> 사람이 기루어하면 꿈에 뵌다는데,
>
> 썩은 나무를 안고 무너지는 꽃더미 꿈
> 　　　　　　　　　　　　　　　　　　　－「부음」 전문

"말라죽은 모과나무를 친친 감고 능소화가 피고 있다". 죽음에 기대어 삶의 길을 트는 능소화를 시인은 가만히 바라본

다. 그러나 꽃은 피면 언젠가는 지게 마련이다. 이제 "말라죽은 모과나무 아래 뚝뚝 능소화가 지고 있다". 연과 연 사이에 시간의 격절이 있었지만, "한 죽음의 발아래 또 한 죽음이 세월 밖으로 주저앉는다".

어느 날 갑자기 찾아오는 부음이란 대개 이런 것인지도 모른다. 한 죽음을 추모하는 사이에 또 한 죽음이 세월 밖으로 주저앉는다. 그렇게 여러 죽음의 소식을 들으며 그 죽음을 그리워하며 살아가다가 어느 순간 죽음의 소식에 한 자락 보태게 되는 것. 그것이 우리네 삶이 아니겠는가.

장맛비 멈춘 잠깐 사이에 울려 퍼지는 매미 울음소리를 들으며 화자는 "면복친당의 곡소리 같다"고 느낀다. 왜 하필 면복친당(免服親堂)의 곡소리일까? 매미 울음소리는 요란하긴 하지만 규칙적으로 들려온다. 숨넘어갈 듯이 꺽꺽대는 설움에 복받친 울음은 아니다. 좀더 가까운 친척이나 가족이라면 훨씬 격정적이고 거칠고 설움에 복받친 울음을 쏟아내게 마련이다. 그러므로 매미 울음소리는 복을 면한 친당, 즉 9촌 이상의 먼 친척의 곡소리에 비유할 만하다. 규칙적으로 들려오는 매미 울음소리가 고요한 분위기를 한층 강화한다.

"썩은 나무를 안고 무너지는 꽃더미 꿈"을 꾸며 화자는 누군가를 기루어한다. 죽어 사라지는 모든 것이 시인이 기루어하는 대상이 된다. 소멸하는 것을 향하는 저 마음을 시심

(詩心)이라 부를 수 있을 것이다. 윤은경의 시는 그렇게 죽어가고 사라지는 것들을 친친 감고 그리움의 꽃을 피워 올린다.

사람들이 흰 국화를 꽂는다 피워놓은 향의 연기가 염불소리 더불어 산 자와 망자의 기억 사이를 떠돈다 낯설다 그가 떠났다 가슴의 칼금, 오랫동안 만져본다 화들짝 국화꽃이 피어난다 무엇인가 뭉클 빠져나와 허공을 떠돈다
친구여! 미어지게 정처 없다
―「문상」 전문

부음을 듣고 달려간 곳에서 "사람들이 흰 국화를 꽂는다". 피워 놓은 향의 연기가 "산 자와 망자의 기억 사이를 떠돈다". 마치 그녀 시가 퍼뜨려 놓은 깨알 같은 향기가 우리의 마음에 스며들듯 죽음을 추모하는 향의 연기는 죽음과 삶의 경계를 떠돈다. 그가 떠나자 가슴에 칼금이 새겨졌다. 누군가의 소멸은 이렇게 남은 자들에게 흔적을 남긴다. 그리고 시인은 그 흔적을 기록한다. 그가 빠져나간 자리에서 "화들짝 국화꽃이 피어난다". 그를 그리워하고 기억하는 마음을 담아 피어나는 국화꽃은 "뭉클 빠져나와 허공을 떠"도는 "무엇인가"를 향해 은은한 향기를 날린다. 윤은경은 자신의 시가 그렇게 흰 국화의 향기로, 그와 더불어 퍼지는 상가(喪

家)의 향내로 남아 있기를 바라는 건지도 모른다. 가슴이 미어지게 정처 없는 그 마음을 담아 그녀의 시는 씌어진다.

4.
　윤은경의 두 번째 시집이 소멸과 죽음의 분위기로 가득하다고 해서 어둡고 고요하기만 한 것은 아니다. 겉으로 볼 때는 고요해 보여도 그 안에서는 욕망이 들끓고 있다. 그녀의 시에 그려진 소멸 역시 체념이나 자포자기가 아니듯이, 죽음은 늘 생과 함께 있으며 생의 욕망으로 끓고 있다.

　아직은 때가 아니다 꽃대조차 없이 무성한 연잎, 시퍼렇게 질린 이 얼굴의 뿌리가 하염없이 번어간다
　못 가운데 수심 저리 깊어 다 읽지 못한 근심이 있다
　염천 불볕에 화청인 듯 쨍쨍한 매미울음 쇠소리 물소리 빗발치듯 마구 쏟는다 천중 넘어가는 수천의 삶, 치켜든 수천의 바라, 바라춤 같다
　내 죄의 넓이가 십만 평이로구나 질긴 오욕의 뿌리, 덧없다 버린 것들이, 진흙수렁 수심의 바닥 깊이 더듬는다

　천수千手바라, 명鳴바라, 사다라니四茶羅尼바라… 웅얼거리며 크게 한 번 더 일그러지는 연지

칠월 한낮, 고요 끓는다

―「회산」 전문

  전남 무안군 일로읍 복용리에 있는 회산 백련지(白蓮池)를 소재로 한 시이다. 회산 백련지는 동양 최대의 백련 자생지로 널리 알려진 곳이다. 창작 동기를 따진다면 일종의 여행시라 부를 만한데, 윤은경의 여행시는 낯선 곳의 절경을 그리는 데 집중하기보다는 그 풍경에 마음을 담아내는 데 더 관심을 기울인다. 회산 백련지는 무성한 연잎으로 뒤덮여 절경을 이루고 있는데, 거기서 시인은 "시퍼렇게 질린 이 얼굴의 뿌리가 하염없이 벋어"감을 본다. 드러나 보이는 것은 시퍼렇게 질린 얼굴뿐이지만 보이지 않는 그 이면까지 보고자 하는 것이다. 저리 깊은 수심은 시인의 수심마저 깊게 한다.

  백련은 7월부터 연잎이 덮이기 시작하여 3개월간 연못을 가득 메운다고 하니, 염천 불볕에 주로 그곳을 찾게 된다. 시퍼렇게 뒤덮인 염천 불볕의 연잎에 "쨍쨍한 매미울음 쇠소리 물소리"가 뒤섞여 마치 화청(和請)인 듯하다. 고요히 끓고 있는 칠월 한낮의 회산 백련지에서 시인은 화청을 듣고 바라춤을 본다. 천지사방이 시퍼런 연잎으로 가득한 드넓은 연못에서 대낮의 끓는 고요를 온몸의 감각으로 느낀 것이다. 그러니 사실상 화청을 부르고 바라춤을 추는 것은 시인의 내

면인 셈이다.

넓은 연못에서 "내 죄의 넓이"를 보는 까닭도 그러하다. 저 시퍼런 연잎들을 키우는 "질긴 오욕의 뿌리"는 수심 깊은 시인의 내면에 드리워져 있다. 시인은 천수바라, 명바라, 사다라니바라를 추며 악귀를 물리치고 죄를 씻어 마음을 정화하고자 한다. 그 마음으로 칠월 한낮의 고요는 더욱 끓는다.

윤은경은 자신의 속에 "다스리지 못한 짐승이 있"음을 인정한다. 시인은 "아직도 사람이 그립고, 견디지 못해 길나선 바깥엔 가을가뭄이 깊고도 깊다"(「시월에」)고 고백한다. 시인의 목마름은 "그대가 밀어놓은 긴 통증" 같은 것이다. 무너진 절터를 찾아 서성거리던 시인은 "돌산 무더기, 무더기 돌맹이에 걸려 넘어"진다. 돌산 무더기를 쌓기까지 돌멩이를 올리며 무언가를 간절히 바란 그 마음 때문이다. 그것은 시인의 목마름과 상통하는 것이기도 하다.

나뭇가지가 부러졌다 수백 겹 세월의 단면, 선명하다 섬광이 갈라놓은 하얀 살결을 고요가 핥고 있다 누가 여기 너덜너덜한 슬픔을 효수해 놓았다 아니다 슬픔으로 바라보는 내 눈을 믿지 말자 저 느티는 우레의 힘을 빌어 제 목을 친 것, 감당할 수 없는 생의 욕망을 스스로 거세한 것, 비 그친 하늘에서 울고 있는 우레가 상처를 타고 나무의 깊은 곳에 가 닿는다 뚫린 구멍마다 뜨거운 김을 내뿜는다 길 끊긴

물관 체관, 흘러나오는 유액은 헛된 미련이 아니다
　나무의 밑동 근처, 상처를 감싸 안은 굵은 옹이들은 이 나무의 오랜 욕망의 흔적

　상처 어딘가에 새겨져 있을, 저 식물이 의지한 수천 년의 기억이 내게도 있다

—「결단」 전문

부러진 나뭇가지에서 시인은 "수백 겹 세월의 단면"을 읽는다. 어디 나무뿐이겠는가. 살다가 멈춰버린 존재에게선 그가 지나온 세월의 단면이 읽힌다. 시인이 부러진 나뭇가지에서 "너덜너덜한 슬픔"을 느낄 수밖에 없는 까닭이기도 하다. 하지만 그녀는 이내 "슬픔으로 바라보는" 눈에 의해 가려지는 또 다른 진실이 있음을 기억하고자 한다. "저 느티는 우레의 힘을 빌어 제 목을" 침으로써 "감당할 수 없는 생의 욕망을 스스로 거세한 것"이라는 것이다. 감당할 수 없는 생의 욕망으로 들끓어본 시인은 그것을 스스로 거세한 마음이 어떤 것인지 누구보다도 잘 알 것이다.

"우레가 상처를 타고 나무의 깊은 곳에 가 닿"자 "뚫린 구멍마다 뜨거운 김을 내뿜는다". 우레가 나무에 남긴 흔적들은 이 나무의 오랜 욕망의 흔적이다. "나무의 밑동 근처, 상처를 감싸 안은 굵은 옹이들"도 그 흔적들이다. 그러므로 시

인은 스스로를 죽인 나무의 그 결단을 이해한다. "저 식물이 의지한 수천 년의 기억"을 그녀가 공유하는 한 그러할 것이다.

5.

 죽음과 욕망에 관한 윤은경의 이번 시집에서 자연은 시인의 내면을 표상한다. 그것은 단지 하나의 경물에 그치지 않고, 시인의 내면과 교감함으로써 선경후정이나 정경교융의 원리에 충실한 시로 그려진다. 그러므로 자연과 우주에 대한 이해는 곧 시와 삶에 대한 이해로 전이된다.

 젖은 하늘을 휙 가르며 어치가 날아간다

 죽음 전엔 내려놓을 수 없는 지상의 무게는 나비날개에도 얹혀 있다
 가장 낮은 곳에 무릎 꿇고 앉은 풀꽃 송이가 허공에 흘려놓은 깨알 같은 향기

 날개들은 수천 리 먼 길을 간다
 한 줄기 엷은 향기만으로 도르래처럼 지상을 들어올린다
  ―「날개」 전문

시집에 첫 번째로 수록된 이 작품에서 시인은 "젖은 하늘을 휙 가르며 어치가 날아"가는 모습을 보며, 모든 날개 달린 것에는 "지상의 무게"가 얹혀 있다는 생각을 한다. 날개 중에서도 가장 연약해 보이는 나비날개에도 지상의 무게는 얹혀 있다. 그것은 "죽음 전엔 내려놓을 수 없는" 생명의 무게이다. 생명의 무게에 더 무겁고 가벼움이란 있을 수 없다고 시인은 생각하는 것처럼 보인다. "가장 낮은 곳에 무릎 꿇고 앉은 풀꽃 송이가 허공에" 깨알 같은 향기를 흘려놓을 수 있다고 상상하는 것도 가벼운 존재로부터 지상의 무게를 읽는 시인의 시선이 있기 때문에 가능한 일이다.

　날개 달린 것들은 한없이 자유롭지만, 그것이 "한 줄기 엷은 향기만으로"도 "도르래처럼 지상을 들어올"릴 수 있는 것은 거기에 생명의 무게가 실려 있기 때문이다. 생명에 경중을 두지 않고 존재의 무게와 자유를 동시에 싣는 것. 이것이야말로 윤은경의 자연관이자 우주관이다. 아마도 그녀가 궁극적으로 쓰고 싶어하는 시도 생명의 무게와 자유를 동시에 갖고 있는, '지상의 날개'이자 풀꽃 송이 같은 시가 아닐까 싶다. 한 줄기 엷은 향기만으로 지상을 들어 올리는 풀꽃 송이 같은 시를 쓰고 싶어하는 꿈은 윤은경 시인의 꿈이자 많은 시인들의 꿈이 아니겠는가? 그 아름답고 슬픈 꿈에 경배를 바친다.